LES ÉLECTIONS

IMPRIMERIE DE A. HENRY, RUE GIT-LE-CŒUR, 8.

LES ÉLECTIONS

RÉFLEXIONS

PAR PAUL-JACQUES

Cultivateur

PARIS

P.-H. KRABBE, ÉDITEUR
Quai Saint-Michel, 15

Et chez tous les marchands de nouveautés.

1842

PRÉFACE

Il y a un mois à peine, je n'avais jamais
écrit autre chose que le compte de mes mois-
sonneurs, ou les factures des braves voisins qui
m'apportent leurs pommes pour en faire du ci-
dre ; et, voici pourquoi je vous dis cela : Voyez
la médisance ; on a été jusqu'à répéter : L'auteur de la corvée n'est pas un pauvre cultivateur,
un villageois , tel qu'il le publie; c'est un cita-
din ! Comme si je n'eusse pas été alors plus élo-
quent et plus érudit.

1*

On m'accuse de mensonge à propos de ma position sociale, d'ignorance à propos de ma patente.

Un cultivateur, disent les malins, ne paie pas de patente. Eh ! Messieurs, devais-je vous raconter toute mon histoire? pouvais-je m'attendre à vous trouver si sévères et si scrupuleux? Malgré tout, je ne suis réellement qu'un pauvre paysan, payant patente, non à cause des quelques ares de terre que je cultive, et pour lesquels je ne paie que foncier et centimes additionnels. Mais, j'ai chez moi une meule de pierre ; mes voisins viennent à mon pressoir faire broyer leurs pommes ; or, vous devez bien penser que les recenseurs ne m'ont pas oublié.

Je suis bien puni, aujourd'hui, de mon ambition et de cette velléité d'amour-propre qui s'est emparée de moi, pour me décider à m'ériger en auteur, en pamphlétaire surtout.

Tous mes amis jadis, le nombre de ceux qui prenaient ce titre était grand, m'ont subitement tourné le dos.

Quand je traverse les rues du village ; personne ne répond plus à mes saluts ; on craint de se compromettre. Saluer un homme qui a osé dire leurs vérités aux puissants du clocher ; certes, voilà un crime, un bien grand crime.

Mes parents eux-mêmes , préfèrent se voir privés de mes visites. J'avais cru, comme tant d'autres, que le titre d'allié pouvait unir les membres d'une même famille , leur inspirer une amitié vive et sincère. J'ai reconnu que si l'on était empressé d'aimer un parent, lorsqu'il est brillant , riche , envié de tous ; au moindre accident, l'avarice des uns, l'égoïsme ou l'intérêt des autres, faisaient évanouir les bonnes intentions.

N'ayant plus ni amis, ni parents pour me conseiller, je suis obligé de m'en rapporter au jugement du public ; mais comment faire ? Les avis son bien partagés : mon adjoint me salue toujours à deux mains ; mais il a dit à la carrière : que pour écrire des ouvrages comme ma corvée, il fallait être b.. , .. *sot*. Pardonnez-moi l'élégance de l'expression ; elle n'est pas de moi. Et le publicain Simon me traite de petit écrivassier.

Les uns me blâment entièrement ; les autres n'incriminent que certains passages ; et ces passages-là sont justement ceux que d'autres trouvent les plus passables.

Je vous assure que je suis très-embarrassé.

Malgré tout, j'ai cru devoir faire succéder à *ma corvée* de nouvelles réflexions. Celles-ci ont les élections pour objet. Certes, la matière ne me manquait pas, mais le temps pressait ; aussi me suis-je hâté de mettre à fin ce nouvel opuscule, tout imparfait qu'il est ; car, s'il peut être de quelque utilité, c'est d'ici à peu de jours.

LES ÉLECTIONS

> Si je ne suis pas encore élec-
> teur, j'espère l'être un jour,
> grâce au recensement d'abord,
> puis par la conséquence d'un
> gouvernement à bon marché.

Dans neuf jours, quelques-uns de nos voisins seront appelés à se servir d'un droit qui leur est particulier ; celui [de se choisir des représentants. Bien que cet acte important, intéresse vivement un grand nombre de citoyens, il n'est exécuté que par quelques uns.

C'est l'instant favorable à toutes les ambitions. Nous allons voir nos puissants descendre du piédestal qu'ils se sont eux-mêmes érigés ; franchir l'immense distance qu'ils ont fixée entre eux et nous ; mettre de côté, pour quelque temps, leur naturel fier et superbe. Hier, ils nous regardaient à peine ; aujourd'hui, ils viendront sans pudeur, nous serrer la main ; pas à moi, je suis trop jeune encore pour être électeur.

Pour eux, tous chemins sont bons ; il en est qui répugneraient à un homme de bien ; mais en pratique, surtout en pratique électorale, la fin justifie toujours les moyens. D'ailleurs, pourquoi s'inquiéter de délicatesse ; sotte puérilité, s'il en fut.

Les candidats que le système gouvernant appuie, ont entre les mains deux grands mobiles de corruption. L'intérêt personnel, d'abord ; celui-ci est pour les influents. L'intérêt local, ensuite, qui émeut toujours les masses.

Quand on réussit, ce sont les influents et les chefs qui se partagent les petits profits,

L'un, obscur greffier jadis, fonctionnaire honoré maintenant, dont l'influence est grande par l'argent qu'il sait et peut faire prêter à ses amis au taux de 10 pour 100, est à peu près sûr d'obtenir un brevet de légionnaire ; ce qui ne nous prouvera pas du tout qu'il ait de l'honneur.

Celui-ci sait faire agir au besoin le prestige de sa fortune, et le respect que, par cet argument, il inspire à ses nombreux clients, lui fera obtenir un bureau de poste pour un de ses parents, qui n'a pas réussi, dont la pauvreté le blesse, mais qu'il aime bien mieux voir secourir par les contribuables que par lui-même.

D'autres, plus influents encore par la puissance directe et immédiate que leur qualité leur procure, soit comme juge de paix, soit comme maire de canton ou comme agent des contributions, obtiendront un avancement rapide, et nous les verrons passer bientôt du canton au chef-lieu.

Quant au gros de MM. les électeurs bien pensants, ils sont certains d'obtenir l'estime de MM. les ministres, dont la volonté est toute puissante ; mais les fonds manquant, on remettra aux prochaines élections le pont qu'on leur avait promis, ou le canal dont ils voyaient déjà, dans leurs rêves, couler l'eau avec tant de plaisir.

Ils auront toujours, comme par le passé, le droit de faire rétablir leurs routes, d'abord par la corvée ou contribution en nature, puis avec les centimes additionnels.

Or, pour tout cela, que demande-t-on ?

La nomination d'un candidat ministériel.

Ce serait assez difficile ; car le système est tellement en faveur, que les amis les plus sûrs du ministère le répudient et s'intitulent, jusqu'au jour du succès exclusivement : candidats indépendants.

L'indépendance est une chose trop belle pour

que nous n'engagions pas, de toutes nos forces,
les électeurs à laisser tranquillement ces messieurs dans la vie privée.

Il y a ministériel et ministériel parmi ceux
qui avouent ou renient provisoirement cette qua-
lification.

L'un, je l'estime s'il croit sincèrement. Il peut
se tromper, et voilà tout. Partisan zélé de telle
idée, de telle opinion à laquelle il est fidèle ;
partisan zélé de la doctrine, il en soutient le
chef, qu'il soutiendra de même quand celui-ci
sera tombé.

Il en est d'autres, ce sont les plus nombreux,
qui n'ont pas d'opinions sérieuses.

Ils soutiennent M. Guizot comme ils ont sou-
tenu M. Thiers, tant qu'il est resté ministre ;
comme ils ont essayé de soutenir M. Molé, avant
que la coalition et le même M. Guizot ne l'aient
détrôné.

N'allez pas croire, au moins, que ce soit par principe, par conviction, par goût pour le système dirigeant... non, ma foi! M. Barrot, ministre, ils le soutiendraient aussi, et si feu Garnier-Pagès était parvenu au Ministère, oublieux personnages, on les aurait vus ramper autour de lui.

Ce n'est pas l'homme qu'ils révèrent, qu'ils soutiennent, mais bien sa place, et la leur ensuite, et c'est à quoi ils tiennent essentiellement. La plupart d'eux, je leur rends cette justice, ne vont pas jusqu'à ambitionner un ministère, mais ils veulent en avoir les bribes et les petits bénéfices. N'est-il pas glorieux de dîner chez un secrétaire d'État! quoique dans notre siècle essentiellement positif, on ne gouverne plus les hommes, comme jadis, avec de succulents dîners. Aujourd'hui cela nous coûte plus cher, à nous autres contribuables ; on veut des honneurs et de l'argent à tout prix.

L'honneur n'est pas ce dont je me plains le plus ; or, on donne la croix à quelqu'un, et cela n'est pas cher ; mais comme cette distinction a été accordée à peu près à tout le monde, il faut quelque chose de plus substantiel, qui soit en rapport avec l'influence du récompensé.

Les enfants des uns obtiennent des bourses gratuites aux collèges royaux ; les autres ont une large part dans la distribution des recettes particulières, des sous-préfectures, des perceptions ; ils pourront aisément se pourvoir, eux, leurs fils, leurs neveux et leurs amis.

Vous voyez combien sont immenses les avantages de ceux qui pensent bien ; aussi tous les cupides et les ambitieux ont-ils soin de se mettre en campagne pour prouver qu'ils ont droit à quelque distinction, à quelque récompense.

Lors des dernières élections, un maire et son adjoint, conseillés probablement par des autorités supérieures, ont eu l'heureuse idée, voyant leurs chances gravement compromises, de mettre en réquisition les infirmités de toute espèce, ayant des opinions sages, modérées, conservatrices.

C'était, je vous l'assure , un délicieux specta-
cle, de voir des tapissières mal suspendues, rem-
plies de malades auxquels chaque cahot arra-
chait un gémissement et un cri de douleur.

Ces magistrats municipaux voulaient imiter
le Christ : ils faisaient marcher les paralytiques ,
à grand renfort de bras, il est vrai. A la précipi-
tation mise à leur emballage, je puis vous assu-
rer que ces pauvres électeurs bien pensants fu-
rent, ce jour-là, bien mal pansés, et je le
prouve : l'un mourut le lendemain, l'autre trois
jours après. Et comment en aurait-il été autre-
ment! leurs cornacs leur avaient fait faire quatre
bonnes lieues avant de les déballer et de les hisser
à la salle du scrutin....

Ce qui achève de rendre la chose curieuse ,
c'est qu'un des conducteurs, à qui certain patriote reprochait cette manière inusitée d'obtenir
des voix, n'hésita pas à lui répondre : — Eh!
Monsieur, faites comme nous; vous voyez bien
que ces gens-là ne considèrent que la fin , qui ,
ce jour-là, ne leur fut pas favorable; car malgré

ce grand renfort d'infirmes de corps et d'esprit, le candidat du pouvoir échoua.

Sous la Restauration , de réactionnaire mémoire , en 1827 , le général Lafayette se présentait aux électeurs de Meaux. Or , vous devez penser combien devait être désagréable au système d'alors la nomination d'un patriote comme M. de Lafayette , nomination que le sous-préfet avait reçu l'ordre de combattre par tous les procédés connus.

De tout temps le pouvoir, quel qu'il soit, possède une influence immense ; il a tant de moyens de corruption. Ce jour-là on n'en avait oublié aucun , et Dieu sait si la victoire fut disputée !

Trois jours durant, l'urne du scrutin resta ouverte à de nouveaux votes ; aucun des deux candidats n'avait obtenu la majorité.

M. le sous-préfet s'était donné beaucoup de mal pour réunir à l'élection tous les absents connaissait comme de bons électeurs.

2*

Il y avait, à trois lieues de Meaux, un maire de village connu pour être tout à la dévotion du gouvernement. Ce villageois s'inquiétait fort peu des élections et s'était très-bien dispensé d'aller voter.

Le sous-préfet se le rappela et résolut de l'envoyer quérir. Tous les courtiers électoraux étant très-occupés; il ne trouva rien de mieux que de lui expédier un bon gendarme, dont l'arrivée effraya d'abord la dame de notre électeur; mais rassurée bientôt, flattée même de l'honneur fait à son mari, par l'autorité qui désirait l'entretenir quelques instants; considérant aussi combien on parlerait de cela au village, et quelle influence en rejaillirait sur elle, courant chercher son mari, elle l'engagea vivement à enfourcher la grise et à suivre le gendarme.

En arrivant à Meaux, la modestie du maire s'opposa à l'ovation du gendarme, qui voulait continuer à le suivre; mais sur les instances les plus vives du maire, le défenseur de Meaux retourna à ses occupations. Abandonné à lui-même, l'électeur retardataire se dirigeait lentement vers le greffe du tribunal, car c'était là qu'on l'avait prié de passer, lorsqu'il fit la rencontre d'un voisin, électeur patriote, auquel il s'empressa de raconter, et non sans orgueil, que M. le sous-préfet désirait absolument l'entretenir en particulier.

L'électeur patriote avait vu déjà assez de tripotage pour se douter quels devaient être les sujets de l'entretien; engageant donc son voisin à remettre à d'autres instants sa visite au sous-préfet qui, selon lui, et à pareille heure, devait être à déjeûner, il s'empara de son bras, et le mena immédiatement et sans désemparer à l'urne électorale. Ému par la rapidité de la course, l'électeur requis eut beaucoup de peine à écrire son bulletin. Il vota enfin : quelques instants après on dépouilla le scrutin.

Lafayette fut nommé à la majorité d'une voix.

Je lisais, il y a quelques jours, la liste des électeurs : je fus supris d'y voir le nom d'un personnage récemment adjoint au maire qui, jusqu'à présent, n'avait jamais payé au-delà de 150 fr. d'impôt. Depuis, que je sache, ses propriétés ne se sont pas accrues ; mais il est fonctionnaire, on l'aura porté sur la liste comme adjonction des capacités.

Un autre personnage, haut placé dans la hiérarchie politico-judiciaire, vient de baisser, pour l'époque des élections, le prix de son lait ; vous allez peut-être crier au cumul et à l'incompatibilité ! et cependant je vous assure que ce haut personnage vend son lait comme M. Aguado vendait du Bordeaux, et comme certain juge de paix de ma connaissance vend du vin de Champagne de plusieurs qualités.

Mes frères, hauts et puissants, car vous payez beaucoup, soyez assez bons pour penser un peu à nous. Voyez que nous payons aussi des impôts, et toujours trop ; songez que nous partageons avec vous la défense de la patrie ; rendez-nous donc le petit service de prier vos élus, une fois députés, de bien vouloir ne pas nous oublier, et de réclamer pour nous une part, quelque mi-

nime qu'elle puisse être, dans vos droits électoraux.

Soyez une fois bons princes, soyez généreux;
saisissez le bon moment, l'instant où, pendant
un scrutin de ballottage, votre candidat, indécis
sur son sort, est disposé aux concessions.

Faites-lui promettre, et qu'il demande pour
nous quelques droits de plus que ceux que nous
avons : cela n'ôtera rien aux vôtres, soyez-en
certains.

Comment veut-on que nous soyons satisfaits ?
S'il y a peu d'élus, il y a peu d'appelés. On
trouve bien parmi nous des gens assez estimables
pour défendre la patrie, assez intelligents pour
la nourrir, assez riches et assez éclairés pour
payer des impôts; mais nos lumières, selon la loi,
ne sont pas assez claires pour qu'on puisse nous
permettre de nous choisir des députés ; on re-
doute que nous ne nous laissions séduire
par l'appât de quelque faveur, de quelque grati-
fication monnayée.

Lafayette avait de nous une meilleure opinion, car il ne pensait pas qu'un Français eût besoin de payer 200 fr. de contributions pour avoir la probité de ne pas vendre son vote et le bon sens de choisir un honnête député de son pays.

Lafayette avait raison, je le crois, je dois le croire. Nous autres paysans, nous y voyons assez bien, et nous ne nous laissons pas toujours éblouir et fasciner par l'éclat et les belles promesses de MM. les candidats prônés et nommés avec acclamation par le bataillon serré des fonctionnaires rétribués qui votent non selon leur conscience mais selon leur devoir. Or, le devoir de celui qui reçoit est d'obéir à celui qui le paie.

Si nous comprenions un peu notre intérêt, devrions-nous jamais nommer aucun candidat ministériel avoué par l'administration, lors même qu'il se dit indépendant?

Qu'avons-nous à espérer d'un tel homme?

Il s'est engagé à l'avance à défendre jusqu'à

leur mort ceux qui le soutiennent. Les ministres, disent nos députés. En effet, ce sont les leurs et non les nôtres; ce sont leurs intérêts qu'ils protègent aveuglement; ces députés et les ministres ont fait entre eux un pacte qui se résume ainsi : Tout pour nous, rien pour les autres , si ce n'est les impôts à payer. C'est une association nominative avec des commanditaires.

Je ne suis qu'un bien pauvre cultivateur, mais lorsque je vois mes frères céder à des considérations ou à des promesses, renoncer, en faveur de leur petite localité, à l'intérêt de la France entière, à la liberté et au bonheur de la patrie, je gémis alors, et je reconnais qu'en partie l'intérêt personnel est une calamité.

Quand les électeurs se rendent au scrutin, ils devraient intérieurement examiner leur conscience et reconnaître que ce n'est pas seulement pour eux qu'ils vont choisir un député, mais encore pour toutes les autres classes qui ne sont pas appelées aux élections; ces classes sont encore assez nombreuses; grâce à notre législature, il n'y a guère qu'un seul électeur sur trente citoyens en âge d'élire.

Les électeurs doivent examiner quels sont les candidats qui réclament leurs votes et leurs suffrages, voir quels sont ces hommes, quelle a été leur vie, quel est leur caractère.

Si j'étais électeur, je ne nommerais pas Clyton, c'est un ambitieux ; né au village, il en est sorti pauvre comme nous. S'il est parvenu à s'élever, c'est en intriguant sans cesse à force de courbures et de bassesses, c'est un protégé du favoritisme.

Sa fortune est grande, mais il est insatiable. Dieu seul connaît où s'arrêtera son ambition ! On dit qu'il ne vise qu'au portefeuille. Or, je ne le nommerais pas, car ayant beaucoup à s'occuper de ses affaires, il n'aurait pas le temps de s'occuper des nôtres.

Je ne nommerais pas Lysippe, c'est un orgueilleux ; d'ailleurs il aime trop le jeu ; et par une conduite différente de celle de Clyton , ils nous amènerait aux mêmes résultats.

Il ne résistera jamais au plaisir de serrer en public la main d'un ministre, à l'honneur de s'entendre appeler devant témoins, mon cher ou mon bon.

Comment voulez-vous qu'il soit indépendant ou désintéressé? L'appareil de l'argent et de la puissance lui fascinent les yeux. Jamais il ne résistera à une dignité !

Je ne nommerais pas Euclyde, c'est un avare dont la cupidité est insatiable ; il fait chez nous l'usure à gros intérêts , bien qu'il affecte d'être fort libéral.

Il ne manque pas un office, il est marguillier honoraire; intérieurement il est sottement incrédule.

S'il affecte de vous rendre service, méfiez-vous-en, c'est pour mieux vous attraper; ses bienfaits sont plus à craindre que sa haine.

Les propriétés de ses débiteurs sont bientôt passées de leurs mains dans les siennes.

Naguère on voulut le nommer maire, il a préféré rester administrateur des hospices ; il connaît le vieux proverbe : A force de pétrir la pâte, il en reste toujours après les doigts.

Je ne nommerais pas le gros Myson, c'est un imbécile, animé des meilleures intentions ; il aime trop ses neveux et tous ses cousins, pour ne pas consentir à leur avancement.

Et, d'ailleurs, que dirait et penserait ce pauvre homme? Que comprendrait-il? Je vous prie, vous qui le connaissez, aux importantes discussions, comment oserait-il soutenir nos intérêts, lui que le bruit du tonnerre et la colère de sa femme font également tomber en syncope?

Pourrait-il faire autre chose que d'aller grossir

le nombre des étouffeurs du centre , qui , le couteau de buis à la main , frappant sur leur pupître , désespèrent, par leur bruyante supériorité , plus d'un tambour de la garde nationale ; braves gens qui viennent tout exprès de leur pays en gnac, pour empêcher d'entendre tout ce qu'on dit à la tribune , de juste et de sensé, de loyal et de français.

Voici pour les électeurs l'instant de prouver leurs forces.

S'ils nomment les candidats ministériels, c'est qu'ils approuvent le système Guizot dans toutes ses aberrations.

Un député, ancien sous-ministre , disait à M. Guizot, que son administration ne lui inspirait aucune confiance. Je ne suis pas électeur , encore moins député , et cependant je serais très-disposé à partager cette opinion.

Examinons quelques uns des actes du ministère actuel, et nous verrons si cette défiance n'est pas autorisée.

On a adopté un système qui est aujourd'hui en grande faveur ; aussi ne veut-on s'en départir à aucun prix : c'est celui de la paix, partout et toujours. Si les humiliations viennent nous accabler, les ministres n'y sont pas sensibles.

Les Anglais, nos voisins et anciens amis, parlent assez défavorablement, dans leur parlement, de notre occupation d'Afrique, qu'ils osent qualifier d'usurpation ; et cela leur va vraiment bien à eux, eux les légitimes possesseurs de l'Afganisthan et de l'Inde. Cependant on ne leur a pas encore, que je sache, demandé d'explication.

La France Thiers avait promis notre alliance à Méhémet-Ali, ou tout au moins de faire respecter le principe de non-intervention. La France Guizot a rappelé la flotte ; et ce pauvre vieux pacha, qui avait levé la tête, comptant sur nos promesses, est redevenu tributaire.

A propos de liberté, on a remis en vigueur la complicité morale, invention perfectionnée, et renouvelée des réactions de 1815.

On a trouvé aussi le recensement progressif et sans secousse.

Les procureurs et substituts, très-occupés, s'amusent encore, et comme passe-temps, à éplucher les listes du jury.

Je n'accuse pas le ministère, bien que ses agents s'en soient un peu mêlés, d'avoir trempé dans une conspiration ayant pour but de renverser en Espagne le système libéral et constitutionnel, au profit du système du droit divin et de l'absolutisme.

Chacun de nous a pu lire l'autorisation donnée par un sous-préfet à un des plus grands ennemis de la constitution espagnole, pour lui permettre de rentrer librement dans sa patrie, qu'il venait troubler.

Malgré deux votes significatifs de la chambre des députés, on est à peu près d'accord sur le droit de visite, pour lequel on est engagé moralement ; ainsi nous aurons bientôt, et à tout jamais, si l'on n'y met ordre, les Anglais pour douaniers maritimes.

De tous côtés les tripotages électoraux sont commencés. L'autorité n'a pas attendu, pour entreprendre ses manœuvres et ses tournées électorales, la dissolution de la chambre. Quelques jours avant la séance de clôture, le sous-préfet de Fontainebleau annonçait aux électeurs de l'arrondissement, que, d'ici à peu, il leur présenterait M. Paul de Ségur candidat, qu'il estime beaucoup,

On parle beaucoup des élections anglaises. En quoi diffèrent-elles des nôtres ? Le voici :

En Angleterre, ce sont les candidats qui paient les frais ; en France, c'est le budget, et, par contre-coup, les contribuables.

En Angleterre, on a plus d'électeurs à corrompre ; on donne moins à chacun. En France, on a moins d'électeurs, mais on leur donne davantage. Il est bien entendu que pour les deux pays je fais des exceptions. Dieu merci, il est encore au monde quelques honnêtes gens, riches ou pauvres.

Mes amis, qui, plus âgés que moi, pouvez déjà voter, grâce aux impôts que vous payez, mettez-vous bien en garde ; réfléchissez qu'en nommant le candidat ministériel, c'est approuver tout ce qui s'est fait depuis quelques mois. je viens de vous esquisser rapidement les actions du système en faveur. Voyez si une telle conduite vous semble juste et loyale ; si vous voulez qu'un tel système continue encore trois à quatre ans, réfléchissez-y bien ; mais surtout point d'illusions. N'espérez pas que ces gens-là se corrigent, car tous leurs actes ne sont pas arrivés par la pente des évènements, mais par la conséquence d'un système à eux, système pernicieux s'il en fut, d'une doctrine qui leur est particulière, car ils prennent et s'honorent eux-mêmes du nom de doctrinaires.

Mes frères, je vous en conjure, nommez des candidats indépendants, à quelque parti qu'ils appartiennent, si vous ne voulez pas que nos institutions tombent et s'écroulent une à une, comme les pierres d'un vieux monument en décadence.

Nous sommes certainement bien éloignés de vouloir le désordre, de souhaiter la perturbation ou la guerre, qui pourraient compromettre nos intérêts les plus chers ; mais tout honnête homme aimant la France, sa patrie, est forcé de convénir que le système suivi est pernicieux pour le pays, pour son influence qui se perd tous les jours, pour son avenir que l'on charge de nouvelles entraves, pour sa liberté, qui, si cela continue, ne sera bientôt plus qu'une utopie.

Je me proposais en dernier lieu, et pour achever le tableau, de vous parler un peu de nos finances, et certes ce n'est pas le chapitre le moins intéressant pour nous ; mais ma tâche sera simplifiée. M. de Cormenin, sous le pseudonyme de Timon, vient de faire paraître un petit livre, bien digne, sous tous les rapports, de captiver l'intérêt ; il nous apprend, à point nommé, ce que nous devons, ce que nous payons ; son œuvre est trop parfaite pour que je veuille ou puisse songer à rien y ajouter. Je m'en vais donc extraire quelques unes de ses pages pour vous les répéter. J'espère qu'en considération du bien géné-

3*

ral , il voudra bien me pardonner mon plagiat.

Messieurs les contribuables, peut-être désirez-vous aussi avoir votre petit compte particulier !

Eh bien ! si vous y tenez, je vais vous dire ce que vous payez aujourd'hui de principal ou d'additionnel , sans préjudice , entendez-moi bien , de ce que vous réserve pour l'avenir un gouvernement si essentiellement bon marché.

Ayez la bonté de jeter les yeux sur ce tableau :

Comparaison du produit des contributions directes en 1830 et 1843.

Contribution foncière.

Pour 1830.	245,020,902 f.
— 1843.	271,036,940
Augmentation en 1843. .	26,016,038

Ou 10 fr. 61 c. p. 100.

Personnelle et mobilière.

Pour 1830.	41,272,059 f.
— 1843.	56,562,660
Augmentation en 1843. . .	15,290,601

Ou 37 fr. 4 c. p. 100.

Portes et fenêtres.

Pour 1830.	15,525,002 f.
— 1843.	31,778,604
Augmentation en 1843. . .	16,253,602

Ou 104 fr. 69 c. p. 100.

Patentes

Pour 1830. . . . . 28,256,563 f.
— 1843. 41,932,530
Augmentation en 1843. . . . 13,675,967
Ou 48 fr. 39 c. p. 100.

Taxe de premier avertissement.

Pour 1830. . . . . 653,526 f.
— 1843. 702,034
Augmentation en 1843. . . . 48,508
Ou 7 fr. 42 c. p. 100.

Total général des contributions directes.

Pour 1830. . . . . 330,728,052 f.
— 1843. 402,012,768
Augmentation en 1843. . 71,284,716
Ou 21 fr. 55 c. p. 100.

Voici maintenant quelques résultats de ce tableau, que vous pourriez bien ne pas trouver très-curieux. Celui qui, en 1830, payait une patente de 150 fr. est imposé aujourd'hui (la nature de sa profession n'ayant pas varié) à 222 fr. 59 cent., et celui qui payait 200 fr. paie aujourd'hui 296 fr. 78 c.

Celui qui payait 300 fr. de contributions foncière, personnelle, portes et fenêtres (par portions égales pour chaque nature de ces trois contributions) est soumis aujourd'hui à un impôt de 452 fr. 33 cent.

Celui qui était soumis à 140 fr. de contributions personnelle et mobilière et de portes et fenêtres (par égales portions), paie aujourd'hui 239 fr. 27 cent., et celui qui payait 200 fr. des mêmes contributions, paie aujourd'hui 344 fr. 75 cent.

Celui qui était imposé à 100 fr. pour les portes et fenêtres, paie aujourd'hui 204 fr. 69 cent.

Celui qui payait 75 fr. de centimes additionnels pour les besoins spéciaux, départementaux et communaux, paie aujourd'hui 120 fr. 15 cent. (pour les trois premières natures de contributions); s'il n'est imposé que pour la personnelle et mobilière, et pour les portes et fenêtres, ses 75 fr. ont été portés à 172 fr. 72 cent.

Ne nous étonnons pas si, avec ce progrès de l'impôt, les centimes s'apprêtent à passer à l'état de francs, et si c'est l'additionnel qui deviendra bientôt le principal.

Beaucoup d'impôts restent en dehors de ceux qui constituent le budget, ce sont les droits d'octroi perçus à l'entrée des villes (et dont le budget n'a que le dixième), les taxes locales de passage, mesurage, jaugeage et pavage ; les droits de grande et de petite voirie, de vente dans les halles et marchés, et de stationnement sur une voie publique quelconque ; le droit de 25 cent. par cheval et par poste, payé par les diligences aux maîtres de poste ; les frais de mariage et d'enterrement ; le dixième des billets dans les spectacles et concerts, et le quart de la recette brute dans les autres lieux de réunion et de fête, y compris les guinguettes ; les prestations en nature pour chemins vicinaux ; les frais indirects des procès, et ceux des salaires des conservateurs des hypothèques qui ne figurent pas dans les budgets.

Lisez, messieurs les électeurs, et voyez si, dans votre générosité inépuisable, vous êtes content de donner toujours, sans recevoir jamais ; dans neuf jours, si vous trouvez que tout ce que nous payons est un peu trop ; faites en sorte de nommer des députés économes.

FIN.

QUELQUES MOTS

SUR LE RECENSEMENT

A PROPOS DE MA CORVÉE

PRÉCÉDÉS

D'UNE LETTRE A TIMON

RÉFLEXIONS

PAR

PAUL-JACQUES

BIOGRAPHIE

DES HOMMES DU JOUR

PAR

SARRUT ET SAINT-EDME

Le onzième Volume est en vente

Prix : 12 fr. 50 c.

Imprimerie de A. HENRY, rue Gît-le-Cœur, 8.

www.ingramcontent.com/pod-product-compliance
Ingram Content Group UK Ltd.
Pitfield, Milton Keynes, MK11 3LW, UK
UKHW021155140726
13695UKWH00005B/2151